Cómo Ganar Dinero por Internet: Ideas y Estrategias para Generar Ingresos Online

DANIEL MARTIN MATURRAL

DEDICATORIA

Este libro está dedicado a todas las personas que han luchado por sus sueños y han tenido el coraje de emprender. A aquellos que han enfrentado los desafíos y las adversidades con valentía y determinación.

A mi familia, que siempre ha sido mi fuente de inspiración y motivación. Gracias por apoyarme en cada paso de mi camino y por creer en mí incluso cuando yo no lo hacía.

A mis amigos, que me han acompañado en todas las etapas de mi vida y me han brindado su apoyo incondicional. Gracias por estar siempre ahí para mí, por escucharme y por brindarme sus consejos y palabras de aliento.

A mis colegas, que han sido una fuente inagotable de conocimientos y experiencias en el mundo del emprendimiento en línea. Gracias por compartir sus ideas, estrategias y enseñanzas conmigo, y por ayudarme a alcanzar mis metas.

Y finalmente, a mis lectores, que son la razón por la cual he escrito este libro. Gracias por su interés en mi trabajo y por permitirme compartir mis ideas y conocimientos con ustedes. Espero que este libro sea útil para todos aquellos que buscan nuevas formas de generar ingresos en línea y que les ayude a alcanzar sus objetivos y sueños.

CONTENIDO

Cómo Ganar Dinero por Internet: Ideas y Estrategias para Generar
Ingresos Online

Cómo Ganar Dinero por Internet: Ideas y Estrategias para Generar
Ingresos Online

AGRADECIMIENTOS

Me gustaría comenzar expresando mi gratitud a todas las personas que me han ayudado a escribir este libro y que me han brindado su apoyo durante todo el proceso.

En primer lugar, quiero agradecer a mi familia y amigos por su inquebrantable apoyo y motivación en este proyecto. Gracias por escucharme hablar sobre ideas de negocios y estrategias de marketing una y otra vez, y por brindarme su apoyo incondicional.

También quiero agradecer a mis colegas y mentores por sus valiosos consejos y enseñanzas. Gracias por compartir sus conocimientos y experiencias conmigo, y por guiarme en este camino hacia el éxito en línea.

Quiero expresar mi agradecimiento a mi editor, que ha sido un gran apoyo durante todo el proceso de escritura y publicación de este libro. Gracias por tu incansable trabajo y dedicación en la edición y revisión de mi trabajo.

Finalmente, quiero agradecer a mis lectores, que son la razón por la cual he escrito este libro. Gracias por leer, apoyar y compartir mis ideas. Espero que este libro sea útil para todos aquellos que buscan nuevas formas de ganar dinero en línea y que les ayude a alcanzar sus objetivos y sueños.

CAPÍTULO 1: INTRODUCCIÓN: POR QUÉ GANAR DINERO POR INTERNET ES UNA OPORTUNIDAD DE NEGOCIO

La revolución digital ha traído consigo una serie de cambios en la forma en que hacemos negocios. Uno de los cambios más significativos es la posibilidad de ganar dinero por Internet. En la actualidad, el comercio electrónico y los negocios en línea son una realidad cada vez más presente y una opción atractiva para emprendedores y empresarios que buscan expandir sus negocios o iniciar uno nuevo.

Ganar dinero por Internet es una oportunidad de negocio que ofrece una serie de ventajas frente a los negocios tradicionales. En primer lugar, los costos de entrada suelen ser mucho más bajos, lo que significa que cualquier persona con una buena idea y un plan de negocio sólido puede lanzar un negocio en línea. Además, la facilidad para llegar a un público global es otro de los beneficios más destacados de los negocios en línea, ya que el alcance que se puede tener a través de la red es prácticamente ilimitado.

Otra ventaja de ganar dinero por Internet es que se trata de un mercado en constante crecimiento, lo que significa que hay una gran demanda de productos y servicios en línea. Los consumidores cada vez prefieren realizar compras en línea debido a la comodidad y facilidad que esto les brinda, y esto se traduce en una oportunidad de negocio muy atractiva para aquellos que estén dispuestos a ofrecer productos y servicios de calidad.

Por supuesto, como en cualquier negocio, es necesario tomar en cuenta algunos factores clave para tener éxito en línea. La competencia es feroz en el mundo digital, por lo que es fundamental tener una estrategia sólida de marketing y una propuesta de valor única que diferencie tu negocio de los demás.

En el mundo de los negocios en línea, también es importante tener en cuenta la logística y la entrega de productos. En algunos casos, se puede optar por el modelo de dropshipping, en el que el proveedor se encarga del almacenamiento y envío de los productos al cliente final. En otros casos, se puede optar por el modelo de almacenamiento propio, lo que implica la necesidad de contar con un espacio de almacenamiento y un sistema de envío eficiente.

La atención al cliente es otro factor crucial en los negocios en línea. Es importante ofrecer un servicio de atención al cliente de calidad y efectivo para resolver cualquier duda o problema que puedan tener los clientes. Esto ayuda a fomentar la confianza y la lealtad de los clientes hacia la marca.

La automatización de procesos también es una estrategia clave para los negocios en línea. Automatizar tareas como el seguimiento de inventario, el envío de correos electrónicos de marketing y la gestión de pedidos puede ayudar a reducir costos y mejorar la eficiencia del negocio.

Además, es importante tener en cuenta la importancia del análisis de datos en los negocios en línea. Recopilar y analizar datos de los clientes y del desempeño del sitio web puede proporcionar información valiosa para mejorar el negocio y la experiencia del usuario.

Por último, es importante tener una mentalidad empresarial emprendedora y estar dispuesto a aprender y adaptarse constantemente. El mundo de los negocios en línea cambia rápidamente y es fundamental estar actualizado y dispuesto a innovar para mantenerse competitivo.

Para tener éxito en el mundo de los negocios en línea, es necesario tener en cuenta algunos aspectos adicionales a los que se deben considerar en los negocios tradicionales. Uno de los más importantes es la experiencia del usuario, es decir, la facilidad de uso y navegación de tu sitio web. Es fundamental que la navegación sea intuitiva, el diseño sea atractivo y el contenido sea relevante y de calidad para que los usuarios tengan una experiencia satisfactoria y se sientan motivados a realizar una compra o contratar tus servicios.

Otro aspecto importante es el posicionamiento en los motores de búsqueda, conocido como SEO (Search Engine Optimization). El SEO es un conjunto de técnicas y estrategias que se utilizan para mejorar el posicionamiento de un sitio web en los resultados de búsqueda de Google y otros motores de búsqueda. Un buen posicionamiento en los motores de búsqueda puede llevar a una mayor visibilidad, más tráfico y más ventas.

Además, es importante considerar el impacto de las redes sociales en los negocios en línea. Las redes sociales son una herramienta muy poderosa para promocionar productos y servicios, ya que permiten llegar a una audiencia más amplia y específica. Es importante tener una estrategia clara de redes sociales para maximizar su impacto y llegar a tu público objetivo.

Otro factor a considerar es la seguridad de la información. Al manejar datos personales y financieros de los clientes, es fundamental garantizar la seguridad de la información para evitar fraudes y proteger la privacidad de los clientes.

Por último, es fundamental tener en cuenta que los negocios en línea son un mundo en constante evolución. Es importante estar actualizado en las tendencias y cambios en la industria para poder adaptarse a ellos y seguir siendo competitivo.

En resumen, ganar dinero por Internet es una oportunidad de negocio atractiva que ofrece una serie de ventajas respecto a los negocios tradicionales. Sin embargo, para tener éxito en línea, es necesario considerar aspectos como la experiencia del usuario, el SEO, las redes sociales, la seguridad de la información y estar al día con las tendencias de la industria. Si se logra tener en cuenta estos aspectos, se puede tener un negocio en línea exitoso y rentable.

CAPÍTULO 2: IDENTIFICACIÓN DE TUS HABILIDADES Y PASIONES

En el mundo de los negocios en línea, la identificación de tus habilidades y pasiones es un factor crucial para el éxito. Es importante saber en qué eres bueno y qué te apasiona para poder enfocar tus esfuerzos y recursos en la creación de un negocio en línea que se ajuste a tus habilidades y pasiones.

Para identificar tus habilidades, es importante hacer una evaluación honesta de tus fortalezas y debilidades. Puedes hacer una lista de habilidades que tienes, ya sea en el ámbito profesional o personal, y evaluar cuáles son las que destacan y cuáles son las que necesitan mejorar. También es importante tener en cuenta las habilidades que pueden ser relevantes para los negocios en línea, como la capacidad de comunicación, la creatividad y la capacidad de resolución de problemas.

Una vez que identifiques tus habilidades, es importante considerar tus pasiones. ¿Qué te apasiona hacer? ¿En qué áreas de interés te gustaría trabajar? Al elegir un negocio en línea que se ajuste a tus pasiones, es más probable que te mantengas motivado y comprometido con tu trabajo, lo que puede llevar a un mayor éxito a largo plazo.

Además, es importante tener en cuenta la demanda del mercado al
elegir un negocio en línea basado en tus habilidades y pasiones. Es
fundamental asegurarse de que haya una demanda suficiente para el
producto o servicio que se ofrece y que exista un público objetivo
dispuesto a pagar por ello.

También es importante considerar la competencia. ¿Hay muchas
empresas en línea que ofrecen lo mismo que tú? Si es así, es
importante tener una estrategia clara de diferenciación para destacar
entre la competencia.

Además de los factores mencionados anteriormente, hay otros
elementos importantes que deben tenerse en cuenta al iniciar un
negocio en línea.

Uno de estos elementos es la competencia. Es probable que existan
otros negocios en línea que ofrezcan productos o servicios similares,
por lo que es importante realizar una investigación exhaustiva sobre
la competencia y encontrar una manera de diferenciarse. Esto podría
ser a través de precios competitivos, una oferta única, un servicio
excepcional al cliente o una marca distintiva.

También es importante tener en cuenta la regulación y la legalidad.
Los negocios en línea deben cumplir con las leyes y regulaciones
aplicables, incluyendo las leyes fiscales, de privacidad y de protección
al consumidor. Es importante tener un conocimiento claro de las
leyes y regulaciones aplicables y asegurarse de que se cumplen todos
los requisitos.

La seguridad en línea también es un factor importante a considerar.
Los clientes deben poder realizar transacciones en línea de forma
segura y confiable. Esto incluye la implementación de medidas de
seguridad en línea, como la encriptación de datos y la autenticación
de usuarios, así como la adopción de políticas claras de privacidad y
seguridad de datos.

Otro factor importante es el financiero. Aunque los negocios en línea
pueden ser menos costosos que los negocios tradicionales, todavía se
necesita una inversión significativa para iniciar y mantener un negocio
en línea exitoso. Es importante tener un plan de negocios claro y
realista que incluya un presupuesto detallado y proyecciones
financieras.

Por último, es importante tener en cuenta la gestión de tiempo y la
delegación de tareas. Los dueños de negocios en línea a menudo
tienen múltiples responsabilidades y tareas para cumplir. Es
importante establecer prioridades claras y delegar tareas siempre que
sea posible para maximizar la eficiencia y la productividad.

En resumen, iniciar y mantener un negocio en línea exitoso requiere
una combinación de habilidades, planificación y estrategia. Además
de la identificación de habilidades y pasiones, es importante
establecer una rutina de trabajo disciplinada, invertir en herramientas
y recursos, tener una estrategia clara de marketing, ofrecer un servicio
al cliente eficiente, estar en constante evolución, y tener en cuenta la
competencia, la regulación, la seguridad en línea, el financiero, la
gestión de tiempo y la delegación de tareas. Con la combinación
correcta de elementos y una actitud emprendedora, los negocios en
línea pueden ser una oportunidad emocionante y rentable.

CAPÍTULO 3: VENTA DE PRODUCTOS DIGITALES: CÓMO CREAR Y COMERCIALIZAR EBOOKS, CURSOS EN LÍNEA Y SOFTWARE

La venta de productos digitales, como ebooks, cursos en línea y software, es una de las formas más populares y rentables de hacer negocios en línea. Los productos digitales son productos que se pueden distribuir electrónicamente, lo que significa que no hay costos de producción o de envío y que pueden venderse a nivel mundial.

Para crear y comercializar productos digitales, primero es importante tener una idea clara del tipo de producto que se desea crear y del público objetivo al que se dirige. Una vez que se tiene una idea clara, se puede comenzar a trabajar en la creación del producto. En el caso de los ebooks, esto puede implicar la investigación y la escritura del contenido, mientras que en el caso de los cursos en línea, puede requerir la producción de videos y otros recursos educativos.

Es importante asegurarse de que el contenido del producto sea de alta calidad y esté bien organizado. Los clientes esperan obtener información valiosa y útil de los productos digitales que compran, y es importante ofrecer un contenido que satisfaga sus expectativas.

Una vez que se tiene el producto listo, es necesario establecer una estrategia de marketing efectiva. Esto puede incluir la creación de una página de venta atractiva, la promoción del producto en las redes sociales, la publicidad en línea y la colaboración con otros creadores y profesionales del sector. Es importante identificar las plataformas de venta adecuadas y las estrategias de precio para garantizar que el producto llegue a la audiencia correcta.

En cuanto a la distribución del producto, existen diversas plataformas que se pueden utilizar para vender productos digitales, como Amazon Kindle Direct Publishing, Udemy, Coursera, entre otras. Estas plataformas ofrecen una manera fácil y rentable de distribuir productos digitales a nivel mundial.

Además, es importante tener en cuenta la seguridad de los productos digitales, para evitar su copia y distribución ilegal. Esto se puede lograr a través de la implementación de medidas de protección de derechos de autor y la creación de un registro de propiedad intelectual.

Una de estas estrategias es la creación de una lista de correo electrónico. Al recopilar direcciones de correo electrónico de los clientes y seguidores, se puede crear una lista de correo electrónico para promocionar productos y servicios, así como para enviar contenido de valor que fomente el compromiso y la lealtad de los suscriptores. La lista de correo electrónico puede ser una herramienta poderosa para aumentar las ventas y para crear una comunidad leal de clientes.

Otra estrategia efectiva es la colaboración con otros creadores y profesionales en el sector. Esta colaboración puede involucrar la realización de webinars, la creación de contenido conjunto o la organización de eventos en línea. La colaboración puede ayudar a aumentar la exposición y a llegar a nuevas audiencias, así como a compartir conocimientos y experiencias con otros profesionales en el sector.

También es importante mantenerse actualizado sobre las tendencias y las innovaciones en el mundo de los productos digitales. Las tecnologías emergentes, como la realidad virtual y la inteligencia artificial, pueden presentar nuevas oportunidades para la creación de productos digitales innovadores y para el crecimiento empresarial.

En cuanto a la fijación de precios, es importante considerar el valor del producto y la demanda del mercado. Los precios demasiado altos pueden ahuyentar a los clientes, mientras que los precios demasiado bajos pueden subestimar el valor del producto y reducir la rentabilidad. Es importante realizar investigaciones de mercado y pruebas de precio para encontrar el precio adecuado para cada producto.

En resumen, la venta de productos digitales es una oportunidad emocionante y rentable en el mundo de los negocios en línea. Al crear productos de alta calidad, desarrollar una estrategia de marketing efectiva y utilizar las plataformas adecuadas para la distribución, se puede alcanzar un éxito significativo en este campo. Con la actitud correcta y la dedicación necesaria, los productos digitales pueden ser una fuente sostenible de ingresos y una forma de compartir conocimiento y experiencias con personas de todo el mundo.

CAPÍTULO 4: MARKETING DE AFILIACIÓN: CÓMO GANAR DINERO PROMOCIONANDO PRODUCTOS DE OTRAS PERSONAS

El marketing de afiliación es una forma popular de ganar dinero en línea promocionando productos de otras personas. En esencia, el marketing de afiliación implica promocionar los productos de otras personas a través de enlaces de afiliados, y ganar una comisión por cada venta realizada a través de ese enlace.

El marketing de afiliación puede ser una excelente forma de generar ingresos pasivos. Una vez que se han creado los enlaces de afiliados y se han promocionado los productos, las ventas pueden continuar llegando mientras se dedica tiempo a otras actividades. Además, el marketing de afiliación es accesible para cualquier persona con una presencia en línea, independientemente de su nivel de experiencia en los negocios.

Para tener éxito en el marketing de afiliación, es importante elegir productos que sean relevantes para su audiencia y que se ajusten a su nicho de mercado. Al promocionar productos que ya están siendo consumidos o buscados por su audiencia, es más probable que se generen ventas. Es importante tener en cuenta que la credibilidad y la confianza son clave en el marketing de afiliación, por lo que se debe ser honesto y transparente sobre el hecho de que se está promocionando un producto afiliado.

Otro aspecto importante del marketing de afiliación es la promoción. Es necesario generar contenido que presente los productos de una manera atractiva y relevante para la audiencia, ya sea a través de publicaciones en redes sociales, videos de YouTube, blogs o cualquier otra plataforma en línea. La creación de una lista de correo electrónico también puede ser una forma efectiva de promover productos afiliados y generar ventas.

Es importante elegir programas de afiliados que ofrezcan comisiones atractivas y un soporte adecuado para los afiliados. Además, es importante seguir las políticas y las normas de los programas de afiliados, para evitar la cancelación del programa o cualquier otra repercusión negativa.

Para maximizar el éxito en el marketing de afiliación, es importante establecer una relación de confianza con la audiencia. Esto puede lograrse a través de la creación de contenido de alta calidad que resuelva los problemas o satisfaga las necesidades de la audiencia, en lugar de simplemente promocionar productos. La creación de contenido que ofrezca valor a la audiencia puede generar lealtad y confianza, lo que puede aumentar la tasa de conversión de los enlaces de afiliados.

Además, es importante evaluar regularmente la efectividad de los enlaces de afiliados y realizar ajustes en consecuencia. Esto puede implicar la prueba de diferentes enlaces o la promoción de diferentes productos, para determinar qué enfoque es más efectivo para su audiencia. El seguimiento de las conversiones y las métricas de la tasa de clics puede ser una forma útil de evaluar el rendimiento y hacer ajustes.

También es importante elegir programas de afiliados que ofrezcan soporte y recursos adecuados para los afiliados. Algunos programas de afiliados pueden proporcionar herramientas de marketing, recursos educativos o soporte personalizado, lo que puede ayudar a los afiliados a tener éxito en sus esfuerzos de marketing.

Otra estrategia efectiva en el marketing de afiliación es la colaboración con otros afiliados o influencers. La colaboración con otros afiliados puede permitir el acceso a nuevas audiencias y aumentar la credibilidad y confianza de los productos promocionados. Los influencers pueden ofrecer una audiencia relevante y comprometida que puede ser más propensa a realizar una compra a través de un enlace de afiliado.

Además de las estrategias mencionadas anteriormente, existen otras formas de mejorar el rendimiento en el marketing de afiliación. Una estrategia efectiva es la segmentación de la audiencia, lo que implica la identificación de subgrupos específicos dentro de la audiencia y la creación de contenido y promociones específicas para ellos. Al crear contenido específico para cada segmento, se puede mejorar la relevancia de la promoción y aumentar la tasa de conversión.

Otra forma de mejorar el rendimiento en el marketing de afiliación es mediante el uso de técnicas de optimización de motores de búsqueda (SEO). El SEO implica la optimización del contenido y la página web para que sea más fácilmente encontrada por los motores de búsqueda, lo que puede aumentar la visibilidad y la cantidad de tráfico orgánico. La optimización de las páginas de destino y la utilización de palabras clave relevantes puede ayudar a aumentar el tráfico y mejorar la tasa de conversión.

Es importante tener en cuenta que el marketing de afiliación no es un enriquecimiento rápido, sino que requiere tiempo y esfuerzo para construir una audiencia y promover productos de manera efectiva. Para tener éxito en el marketing de afiliación, se necesita paciencia, consistencia y un compromiso constante para mejorar y adaptarse a medida que evoluciona la industria.

En conclusión, el marketing de afiliación puede ser una forma efectiva de ganar dinero en línea al promocionar productos de otras personas. Al elegir productos relevantes y de alta calidad, promocionarlos de manera transparente y crear contenido de alta calidad, se puede mejorar la tasa de conversión de los enlaces de afiliados. La evaluación regular de la efectividad de los enlaces de afiliados, la elección de programas de afiliados adecuados, la colaboración con otros afiliados e influencers, la segmentación de la audiencia y la utilización de técnicas de SEO pueden ser estrategias efectivas para mejorar el rendimiento en el marketing de afiliación. Con dedicación y esfuerzo constante, el marketing de afiliación puede ser una fuente sostenible de ingresos en línea.

CAPÍTULO 5: CREACIÓN DE UN BLOG: CÓMO GENERAR TRÁFICO Y MONETIZAR TU SITIO WEB

Crear un blog es una excelente manera de compartir tus conocimientos y pasiones con el mundo mientras generas ingresos en línea. La creación de un blog puede ser una empresa rentable si se hace de manera adecuada, y hay varias estrategias para generar tráfico y monetizar el sitio web.

El primer paso para crear un blog exitoso es elegir un nicho que te apasione y que tenga un mercado en línea. Es importante investigar sobre las palabras clave relevantes y la competencia en el nicho elegido antes de empezar. Una vez que se haya seleccionado un nicho, es importante crear contenido relevante y de alta calidad para atraer a los visitantes del sitio web.

Una estrategia efectiva para generar tráfico a un sitio web es la optimización de motores de búsqueda (SEO). Esto implica la optimización del contenido del blog para que sea más fácilmente encontrado por los motores de búsqueda. Al utilizar palabras clave relevantes, encabezados atractivos y etiquetas meta adecuadas, se puede mejorar el posicionamiento en los resultados de búsqueda y atraer más tráfico orgánico.

Otra estrategia efectiva para generar tráfico es la promoción en las redes sociales. Al compartir contenido atractivo y relevante en plataformas como Facebook, Twitter, Instagram y LinkedIn, se

puede atraer a más visitantes al sitio web. También es importante
interactuar con la audiencia en las redes sociales para crear relaciones
y generar lealtad.

Para monetizar el sitio web, se pueden utilizar varias estrategias. Una
forma común es a través de la publicidad en línea, ya sea a través de
anuncios de Google AdSense u otras redes publicitarias. Otra
estrategia es la venta de productos digitales o físicos relacionados con
el nicho del blog. También se puede ganar dinero a través del
marketing de afiliación, promocionando productos relevantes y de
alta calidad en el blog y ganando una comisión por las ventas.

Es importante tener en cuenta que la creación de un blog exitoso
requiere tiempo y esfuerzo constante. Es importante crear contenido
de alta calidad regularmente, interactuar con la audiencia,
promocionar el contenido y evaluar regularmente el rendimiento del
sitio web para optimizar el tráfico y la monetización. Con paciencia,
dedicación y una estrategia efectiva, la creación de un blog puede ser
una fuente sostenible de ingresos en línea.

Además de las estrategias mencionadas anteriormente, existen otras
formas de generar tráfico y monetizar un blog exitosamente. Una de
ellas es a través de la creación de una lista de correo electrónico y el
marketing por correo electrónico. Al pedir a los visitantes que se
suscriban a una lista de correo electrónico, se puede mantener una
relación con ellos a largo plazo y enviarles contenido exclusivo,
ofertas especiales y promociones.

Otra forma de monetizar un blog es a través de la venta de espacios
publicitarios directamente a los anunciantes. Si el sitio web tiene un
tráfico significativo y una audiencia fiel, los anunciantes pueden estar
dispuestos a pagar por la exposición de su marca en el blog.

La creación de contenido de vídeo también puede ser una estrategia
efectiva para aumentar el tráfico y la monetización de un sitio web. Al
crear contenido en formato de vídeo y compartirlo en plataformas

como YouTube, se puede atraer a una audiencia más amplia y generar ingresos a través de anuncios publicitarios y el marketing de afiliación.

También es importante asegurarse de que el diseño y la estructura del blog sean atractivos y fáciles de navegar para los visitantes. El uso de un diseño profesional y una navegación clara y organizada puede mejorar la experiencia del usuario y aumentar la retención de los visitantes.

Además de las estrategias mencionadas anteriormente, hay muchas otras formas en las que los bloggers pueden generar tráfico y monetizar sus sitios web. A continuación, se detallan algunas de las opciones más populares:

- Marketing de Influencia: El marketing de influencia implica asociarse con personas influyentes en línea para promocionar productos o servicios. Los bloggers pueden trabajar con influencers para promocionar sus propios productos o servicios o para promocionar productos y servicios de otras empresas a cambio de una comisión.
- Venta de Productos Físicos: Si bien la mayoría de las estrategias de monetización de blogs se centran en productos digitales, los bloggers también pueden vender productos físicos a través de sus sitios web. Esto puede incluir productos que ellos mismos fabrican o productos de otras empresas que el blogger vende como afiliado.
- Patrocinios y Publicidad: Los bloggers también pueden monetizar sus sitios web a través de patrocinios y publicidad. Los patrocinios implican trabajar con empresas para promocionar sus productos o servicios a cambio de una tarifa acordada. La publicidad puede incluir anuncios en el sitio web o contenido patrocinado.
- Servicios de Consultoría: Si un blogger es un experto en un campo determinado, puede ofrecer servicios de consultoría a través de su sitio web. Esto puede incluir servicios de

coaching, asesoramiento empresarial, servicios de redacción y
más.
- Venta de Cursos en Línea: Si un blogger tiene experiencia en
  un campo determinado, también puede vender cursos en
  línea a través de su sitio web. Esto puede incluir cursos sobre
  temas como marketing en línea, negocios en línea, desarrollo
  personal, y más.

En resumen, hay muchas formas en las que los bloggers pueden
monetizar sus sitios web y generar ingresos en línea. La clave del
éxito es crear contenido valioso y atractivo para su audiencia y utilizar
una estrategia efectiva de marketing en línea para atraer tráfico y
promocionar su contenido. Con dedicación y esfuerzo, cualquier
persona puede crear un blog exitoso y rentable en línea.

CAPÍTULO 6: COMERCIO ELECTRÓNICO: CÓMO VENDER PRODUCTOS FÍSICOS A TRAVÉS DE UNA TIENDA EN LÍNEA

El comercio electrónico se ha convertido en una de las formas más populares de venta de productos físicos en todo el mundo. A través de una tienda en línea, puedes ofrecer tus productos a un público global y venderlos de manera fácil y conveniente.

Para empezar, lo primero que debes hacer es elegir una plataforma de comercio electrónico que se adapte a tus necesidades y presupuesto. Hay muchas opciones disponibles, desde plataformas gratuitas hasta soluciones de comercio electrónico personalizadas. Algunas de las opciones más populares incluyen Shopify, WooCommerce y Magento.

Una vez que hayas elegido tu plataforma, es hora de crear tu tienda en línea. Esto implica la personalización del diseño de tu tienda, la configuración de los métodos de pago y envío, y la integración de herramientas de marketing para impulsar las ventas.

La clave para el éxito en el comercio electrónico es asegurarte de que tu tienda en línea tenga una buena presencia en línea. Esto incluye la optimización de motores de búsqueda (SEO) y la publicidad en redes sociales y otros sitios web relevantes. Cuanto más visibilidad tenga tu tienda, más oportunidades tendrás de atraer a nuevos clientes.

Otro aspecto importante del comercio electrónico es el manejo de inventario y la logística de envío. Debes asegurarte de tener suficientes productos en stock para satisfacer la demanda y tener un proceso de envío rápido y confiable.

Finalmente, el servicio al cliente es fundamental en cualquier negocio en línea. Debes asegurarte de responder a las preguntas de los clientes de manera oportuna y profesional, y manejar cualquier problema o problema de manera rápida y efectiva.

Otro aspecto importante en el comercio electrónico es la logística. Es decir, cómo se llevarán a cabo los envíos de los productos y cómo se gestionarán las devoluciones. Es crucial tener un sistema eficiente y confiable de envío de productos para mantener la satisfacción del cliente. Hay varias opciones disponibles, como el envío por correo postal, por mensajería privada o por servicio de paquetería.

Además, es importante tener en cuenta los medios de pago que se ofrecerán en la tienda en línea. Es necesario elegir los métodos de pago que sean populares en la región o país donde se desee vender, y asegurarse de que sean seguros y confiables. Algunos métodos populares incluyen el pago con tarjeta de crédito, transferencia bancaria, PayPal y otros monederos electrónicos.

Otro aspecto importante en la venta de productos en línea es la atención al cliente. Es fundamental ofrecer una atención al cliente de calidad, respondiendo rápidamente a las preguntas y dudas que puedan tener los clientes. Para ello, es importante tener un sistema de soporte al cliente eficiente, como una línea telefónica de atención, un chat en línea o un correo electrónico de atención al cliente.

En primer lugar, la presentación de tu tienda es muy importante. Asegúrate de que tu sitio web sea fácil de navegar, tenga un diseño atractivo y una experiencia de usuario intuitiva. También es importante tener una sección de preguntas frecuentes clara y concisa y una sección de comentarios o reseñas de clientes para que los compradores potenciales puedan ver las experiencias positivas de otros clientes.

Además, debes asegurarte de que tus productos se presenten de
manera atractiva con imágenes de alta calidad y descripciones
detalladas y precisas. La información del producto debe ser
fácilmente accesible y estar claramente visible en la página del
producto. Esto ayudará a tus clientes a tomar decisiones de compra
informadas y reducirá el número de devoluciones y reembolsos.

Otra consideración importante es la logística y la gestión de
inventario. Asegúrate de tener un sistema eficiente para procesar y
enviar pedidos a tiempo, y de contar con suficiente inventario para
satisfacer la demanda de tus clientes. También debes tener un sistema
para realizar un seguimiento de los pedidos y mantener a los clientes
informados sobre el estado de sus compras.

Por último, no olvides que la promoción y el marketing son
esenciales para el éxito de tu tienda en línea. Utiliza las redes sociales,
la publicidad en línea y otras tácticas de marketing para llegar a
nuevos clientes y aumentar el tráfico de tu sitio web. Ofrece
promociones y descuentos para fomentar las ventas y crea una
estrategia de marketing a largo plazo para asegurarte de que tu tienda
en línea tenga éxito a largo plazo.

En resumen, el comercio electrónico puede ser una forma altamente
rentable de vender productos en línea, siempre y cuando se tenga en
cuenta los aspectos mencionados anteriormente y se preste atención a
los detalles. Con la planificación y la ejecución adecuadas, puedes
crear una tienda en línea exitosa y rentable que genere ingresos y te
permita crecer tu negocio.

CAPÍTULO 7: SERVICIOS DE FREELANCE: CÓMO OFRECER TUS HABILIDADES A EMPRESAS Y PERSONAS

Ofrecer servicios de freelance se ha convertido en una forma muy popular de generar ingresos en línea. Si tienes habilidades en áreas como diseño gráfico, escritura, programación, marketing digital, edición de video o redacción, entre otras, puedes ofrecer tus servicios como freelance a empresas y personas que necesiten de ellos.

Una de las principales ventajas de ofrecer servicios de freelance es la flexibilidad que ofrece. Puedes trabajar desde cualquier lugar del mundo y elegir tus propios horarios, lo que te permite adaptar tu trabajo a tus necesidades personales. Además, puedes elegir los proyectos en los que quieres trabajar y establecer tus propias tarifas.

Para empezar a ofrecer tus servicios de freelance, lo primero que debes hacer es identificar tus habilidades y fortalezas. Si tienes experiencia en un campo específico, es probable que ya tengas las habilidades necesarias para ofrecer servicios de freelance. Si no es así, puedes adquirir las habilidades necesarias a través de cursos en línea, tutoriales, libros, entre otros recursos.

Una vez que hayas identificado tus habilidades y fortalezas, debes crear un portafolio en línea para mostrar tu trabajo. Esto puede incluir una página web personal, perfiles en redes sociales y portales especializados en freelancing, como Upwork o Freelancer. En estos sitios puedes publicar tu currículum, describir tus habilidades y mostrar ejemplos de tu trabajo anterior.

Cuando empieces a ofrecer tus servicios de freelance, es importante que establezcas tarifas justas y competitivas. Puedes investigar en línea cuánto cobran otros freelancers por servicios similares a los que ofreces para tener una idea de los precios del mercado. También es importante que establezcas contratos claros con tus clientes y que definas claramente el alcance del trabajo que realizarás.

Además, una de las ventajas de trabajar como freelance es que puedes tener múltiples clientes al mismo tiempo, lo que te brinda una mayor flexibilidad y diversidad en tu trabajo. Esto también significa que puedes elegir los proyectos que te interesan y que se ajustan a tus habilidades, lo que puede aumentar tu motivación y satisfacción laboral.

Para tener éxito como freelance, es importante que seas capaz de vender tus habilidades y promocionarte a ti mismo. Esto significa que necesitarás desarrollar habilidades de marketing y networking para llegar a nuevos clientes y mantener relaciones positivas con los existentes. Además, debes estar dispuesto a adaptarte a las necesidades de tus clientes y ofrecer un servicio excepcional para asegurarte de que vuelvan a trabajar contigo en el futuro.

En general, los servicios de freelance son una forma atractiva de ganar dinero por internet, ya que te permiten ser tu propio jefe y trabajar en proyectos que realmente te interesen. Con la creciente demanda de servicios en línea, hay una gran cantidad de oportunidades disponibles para aquellos con habilidades en áreas como diseño gráfico, redacción, programación y mucho más. Si estás dispuesto a invertir tiempo y esfuerzo en desarrollar tus habilidades y promocionarte a ti mismo, el mundo del freelance puede ser una opción muy gratificante y rentable.

Además, la oferta de servicios freelance no solo se limita a habilidades técnicas o creativas, también hay demanda para servicios de consultoría, asesoramiento y soporte administrativo.

Para tener éxito como freelancer, es importante identificar sus habilidades y fortalezas, establecer una tarifa competitiva, crear una cartera de trabajo y desarrollar relaciones sólidas con los clientes existentes y potenciales. También puede ser útil unirse a plataformas de freelancing, como Upwork o Fiverr, para obtener más exposición y acceso a una variedad de oportunidades de trabajo.

Otro aspecto importante a considerar al ofrecer servicios de freelance es la forma en que se presentan. Tener un sitio web profesional y una presencia sólida en las redes sociales puede ayudar a establecer su credibilidad y aumentar su alcance. También es fundamental asegurarse de que la comunicación con los clientes sea clara y profesional, lo que puede incluir un acuerdo de trabajo por escrito y una política clara de facturación y pago.

El freelance le permite trabajar desde casa o desde cualquier lugar donde tenga una conexión a Internet, lo que brinda flexibilidad y comodidad.

Para comenzar como freelance, es importante identificar sus habilidades y áreas de experiencia. Es posible que tenga habilidades en diseño gráfico, escritura, marketing digital, programación, redacción de contenido, traducción, entre otras. Una vez que tenga una idea clara de sus habilidades, puede comenzar a buscar trabajo en línea en plataformas de freelance como Upwork, Freelancer, Fiverr, entre otras.

Además, es importante tener un portafolio en línea que muestre ejemplos de su trabajo anterior. Un portafolio sólido ayudará a que los posibles clientes vean su trabajo y decidan si son la opción adecuada para el trabajo que necesitan.

Es importante también establecer precios justos y competitivos para su trabajo. No quiere cobrar demasiado y perder posibles clientes, pero tampoco quiere cobrar tan poco que no pueda cubrir sus gastos. Es importante investigar los precios de mercado para asegurarse de estar cobrando un precio justo.

Por último, es importante establecer relaciones con los clientes y brindar un excelente servicio al cliente. Asegúrese de comunicarse claramente con los clientes y cumplir con los plazos acordados. El servicio al cliente es clave para mantener una buena reputación como freelance y asegurar que los clientes lo recomienden a otros.

CAPÍTULO 8: PUBLICIDAD EN LÍNEA: CÓMO GANAR DINERO A TRAVÉS DE ANUNCIOS Y PATROCINIOS

La publicidad en línea se ha convertido en una de las formas más efectivas de ganar dinero en línea. Los anuncios y patrocinios son una fuente importante de ingresos para los sitios web y los creadores de contenido en línea. Además, los anunciantes buscan cada vez más formas de llegar a audiencias específicas y aprovechar el poder de la publicidad en línea para hacerlo.

Para comenzar a ganar dinero con publicidad en línea, lo primero que debes hacer es crear un sitio web o una plataforma de redes sociales con una audiencia comprometida. Una vez que tengas una audiencia establecida, puedes comenzar a buscar anunciantes y patrocinadores.

Existen diferentes formas de hacer publicidad en línea. Una de las formas más comunes es a través de programas de publicidad en línea como Google AdSense. Estos programas te permiten publicar anuncios en tu sitio web y ganar dinero cada vez que alguien hace clic en ellos. También puedes buscar patrocinios directos de empresas o marcas que quieran promocionar sus productos o servicios en tu sitio web o plataforma.

Además, las redes sociales como Instagram y YouTube ofrecen oportunidades para los creadores de contenido para ganar dinero a través de publicidad en línea. Los influencers pueden recibir pagos por publicar contenido patrocinado o colaborar con marcas en campañas publicitarias.

La clave para ganar dinero a través de la publicidad en línea es tener
una audiencia comprometida y enfocarte en crear contenido relevante
y de alta calidad. También es importante ser transparente y ético al
promocionar productos o servicios a través de publicidad en línea.

Es importante tener en cuenta que la publicidad en línea puede ser un
campo competitivo, por lo que debes estar dispuesto a trabajar duro
para construir tu audiencia y encontrar anunciantes y patrocinadores
adecuados. Sin embargo, si eres consistente y te esfuerzas, la
publicidad en línea puede ser una forma rentable de ganar dinero en
línea.

Además de los modelos de publicidad en línea mencionados
anteriormente, también existen otras formas de ganar dinero a través
de anuncios y patrocinios en línea. Una de ellas es la colaboración
con influencers, que son personas con una gran cantidad de
seguidores en redes sociales o en sus blogs. Los influencers pueden
promocionar productos o servicios de marcas a su audiencia a
cambio de un pago o de algún tipo de beneficio.

Otra forma de ganar dinero a través de publicidad en línea es
mediante la venta de espacios publicitarios en tu sitio web o blog. Las
empresas pueden pagar por aparecer en tu sitio, ya sea en forma de
banner publicitario o enlaces patrocinados. Es importante asegurarse
de que los anuncios sean relevantes y de alta calidad para que los
visitantes del sitio estén más inclinados a hacer clic en ellos.

También existen plataformas de publicidad en línea, como Google
AdSense, que permiten a los propietarios de sitios web o blogs
mostrar anuncios relevantes en sus páginas y ganar dinero cada vez
que alguien hace clic en ellos. Estas plataformas suelen ser fáciles de
usar y ofrecen herramientas de seguimiento para que puedas ver
cuánto dinero estás ganando.

Por otro lado, el patrocinio es una forma en la que una empresa paga a un creador de contenido para que promocione sus productos o servicios en su sitio web o redes sociales. Los creadores de contenido pueden ser influencers, bloggers, youtubers, entre otros.

El patrocinio se ha convertido en una forma popular de publicidad en línea porque permite a las empresas llegar a una audiencia específica y altamente comprometida a través de personas influyentes en su nicho. Los creadores de contenido que tienen una audiencia comprometida y fiel pueden ser una herramienta valiosa para las empresas que buscan aumentar su alcance y generar ventas.

Para los creadores de contenido, el patrocinio puede ser una forma efectiva de monetizar su audiencia y su contenido. Sin embargo, es importante tener en cuenta que los patrocinios deben ser transparentes y éticos, y deben cumplir con las regulaciones publicitarias aplicables.

CAPÍTULO 9: INVERSIÓN EN BOLSA: CÓMO GANAR DINERO A TRAVÉS DE LA COMPRA Y VENTA DE ACCIONES

La inversión en bolsa es una de las formas más populares y emocionantes de hacer dinero en línea. Si estás dispuesto a aprender y dedicar tiempo y esfuerzo a investigar, comprar y vender acciones, podrás generar ganancias significativas. Pero, como cualquier tipo de inversión, hay riesgos involucrados y es importante tener una comprensión sólida de los fundamentos de la inversión en bolsa antes de comenzar.

Para empezar, debes entender cómo funciona el mercado de valores. Básicamente, una bolsa de valores es un mercado donde las empresas venden acciones para recaudar capital y los inversores compran y venden estas acciones en función de la oferta y la demanda. Cuando compras una acción, te conviertes en dueño parcial de esa empresa, lo que significa que puedes ganar dinero a medida que la empresa crece y aumenta su valor en el mercado.

Para invertir en bolsa, necesitarás abrir una cuenta de corretaje en línea, que te permitirá comprar y vender acciones de forma fácil y rápida. Es importante investigar diferentes corredores y comparar sus comisiones y tarifas antes de elegir uno.

Una vez que hayas abierto una cuenta de corretaje, deberás decidir en qué acciones quieres invertir. Es importante investigar y analizar diferentes empresas antes de tomar una decisión. Puedes utilizar herramientas de investigación en línea, como Yahoo Finance o Google Finance, para obtener información sobre el rendimiento pasado de la empresa, su competencia y otros factores que puedan afectar su valor.

Una estrategia común en la inversión en bolsa es diversificar tu cartera, lo que significa que inviertes en varias empresas de diferentes industrias para reducir el riesgo. También puedes considerar la inversión en fondos mutuos o ETFs, que te permiten invertir en una variedad de empresas con una sola inversión.

Es importante recordar que la inversión en bolsa no es una apuesta. Debes tener una estrategia a largo plazo y estar dispuesto a soportar la volatilidad del mercado. Además, siempre debes invertir dinero que estés dispuesto a perder, ya que siempre existe el riesgo de perder dinero en el mercado de valores.

En conclusión, la inversión en bolsa puede ser una forma emocionante y rentable de ganar dinero en línea, pero es importante tener una comprensión sólida de los fundamentos antes de comenzar. Investiga y analiza diferentes empresas, diversifica tu cartera y ten una estrategia a largo plazo para maximizar tus posibilidades de éxito en el mercado de valores.

Para tener éxito en la inversión en bolsa, es importante tener en cuenta algunos consejos:

1. Investiga y analiza: antes de invertir, debes conocer bien la empresa en la que quieres invertir. Investiga sobre sus resultados financieros, su modelo de negocio, su competencia, su situación actual y futura en el mercado, entre otros aspectos. También es importante analizar la evolución de su cotización en la bolsa.
2. Define una estrategia de inversión: debes tener una estrategia clara para tus inversiones en bolsa. Puedes optar por una estrategia de inversión a largo plazo, en la que compras

acciones de empresas con buenas perspectivas de futuro y las mantienes durante varios años. O puedes optar por una estrategia de inversión a corto plazo, en la que compras y vendes acciones en un plazo breve de tiempo buscando obtener beneficios rápidos.

3. Diversifica tu cartera: no pongas todos los huevos en la misma cesta. Es importante diversificar tu cartera de inversión, invirtiendo en distintas empresas de distintos sectores. De esta forma, si una de las empresas en las que has invertido tiene malos resultados, no perderás todo tu dinero.

4. Ten paciencia: la inversión en bolsa es una actividad que requiere paciencia. Los resultados no se obtienen de forma inmediata, sino que pueden tardar años en llegar. No te desanimes si tus inversiones no dan los resultados esperados a corto plazo.

5. Controla tus emociones: la inversión en bolsa puede ser emocionalmente agotadora. Puede haber momentos de euforia, cuando tus inversiones están dando buenos resultados, y momentos de pánico, cuando las cosas no van bien. Es importante mantener la cabeza fría y no dejarse llevar por las emociones.

Por supuesto, hay muchas otras estrategias y técnicas que los inversores en bolsa utilizan para ganar dinero en el mercado de valores. Uno de los métodos más populares es el llamado "análisis técnico", que implica el uso de gráficos y datos históricos para identificar patrones y tendencias en los precios de las acciones. Los inversores también pueden utilizar el "análisis fundamental", que implica el estudio de los estados financieros de las empresas para determinar su valor y potencial de crecimiento.

Otra técnica popular entre los inversores en bolsa es la diversificación de la cartera, lo que significa invertir en una variedad de acciones y otros instrumentos financieros para reducir el riesgo y maximizar el potencial de ganancias. Los inversores también pueden utilizar herramientas de gestión de riesgos, como el stop-loss y el take-profit, para limitar las pérdidas y asegurar las ganancias en el mercado.

En resumen, invertir en bolsa puede ser una forma emocionante y
potencialmente lucrativa de hacer crecer su patrimonio. Sin embargo,
también es importante ser cauteloso y educado en el proceso.
Asegúrese de hacer su investigación y seguir las mejores prácticas de
inversión, y siempre consulte con un asesor financiero calificado
antes de tomar cualquier decisión de inversión.

.

CAPÍTULO 10: TRADING DE CRIPTOMONEDAS: CÓMO GANAR DINERO A TRAVÉS DEL INTERCAMBIO DE CRIPTOMONEDAS

El trading de criptomonedas se ha convertido en una forma popular de inversión en los últimos años debido a la creciente popularidad de las criptomonedas y su volatilidad en los mercados financieros. El trading de criptomonedas es la práctica de comprar y vender criptomonedas con el objetivo de obtener ganancias en función de los cambios de precios en el mercado. Es importante tener en cuenta que el trading de criptomonedas es una actividad especulativa y de alto riesgo, y se debe realizar con precaución y conocimiento.

El primer paso para comenzar a operar en criptomonedas es investigar y aprender sobre el mercado y las criptomonedas. Se debe comprender el funcionamiento de las criptomonedas, las tendencias del mercado y los factores que pueden afectar el precio de una criptomoneda. Es importante tener una estrategia de inversión clara y establecer límites de pérdida y ganancias.

Para comenzar a operar en criptomonedas, se debe crear una cuenta en una plataforma de intercambio de criptomonedas. Existen muchas opciones de intercambio de criptomonedas disponibles, cada una con sus propias características y tarifas. Es importante investigar y comparar las diferentes plataformas antes de elegir la que mejor se adapte a sus necesidades.

Una vez que se ha creado una cuenta en una plataforma de intercambio de criptomonedas, se puede comenzar a comprar y vender criptomonedas. Es importante recordar que los precios de las criptomonedas pueden fluctuar rápidamente y en gran medida, por lo que se debe estar preparado para tomar decisiones rápidas en función de los cambios del mercado.

Otra forma de ganar dinero a través del trading de criptomonedas es mediante el uso de herramientas de trading automatizado, como los robots de trading. Estas herramientas utilizan algoritmos para analizar el mercado y tomar decisiones de trading en función de los parámetros establecidos por el usuario. Si se utiliza correctamente, un robot de trading puede ayudar a obtener ganancias de manera más eficiente.

Es importante tener en cuenta que el trading de criptomonedas implica un alto nivel de riesgo, y es importante estar preparado para las posibles pérdidas. Se recomienda tener un enfoque de inversión a largo plazo y diversificar su cartera de criptomonedas para minimizar el riesgo.

Además de la compra y venta de criptomonedas, el trading de criptomonedas también puede involucrar estrategias más avanzadas como el trading de margen, el trading de futuros y el arbitraje.

El trading de margen permite a los operadores pedir prestado fondos adicionales para aumentar su poder adquisitivo. Con el trading de margen, los operadores pueden obtener ganancias mayores que su inversión inicial, pero también corren el riesgo de perder más que su inversión inicial si el mercado se mueve en su contra.

El trading de futuros implica la compra o venta de contratos de futuros de criptomonedas en un mercado de futuros. Los contratos de futuros de criptomonedas permiten a los operadores comprar o vender una cantidad específica de criptomoneda a un precio específico en una fecha futura determinada. Los contratos de futuros también se pueden utilizar para cubrir el riesgo de fluctuaciones de precios.

El arbitraje es una estrategia que implica la compra y venta simultánea de criptomonedas en diferentes mercados para aprovechar las diferencias de precios entre ellos. El arbitraje puede ser muy lucrativo, pero también puede ser complicado y requiere un conocimiento profundo del mercado y la tecnología subyacente.

Es importante recordar que el trading de criptomonedas es altamente volátil y arriesgado. Los operadores deben realizar una investigación exhaustiva y tener una comprensión completa de los riesgos antes de comenzar a operar. Además, los operadores deben tener una estrategia clara y bien definida y estar dispuestos a tomar decisiones informadas en función de los movimientos del mercado.

Es crucial realizar una investigación exhaustiva y estar informado sobre las tendencias y noticias del mercado antes de tomar decisiones de inversión.

Una forma de mitigar el riesgo es diversificar la cartera de criptomonedas. Es decir, no invertir todo el capital en una sola criptomoneda, sino distribuirlo en varias que tengan diferentes niveles de riesgo y volatilidad.

Otro factor importante a considerar es el uso de estrategias de trading, como el análisis técnico y fundamental, para tomar decisiones informadas sobre cuándo comprar o vender criptomonedas. El análisis técnico se centra en el estudio de los gráficos de precios y la identificación de patrones para predecir las tendencias del mercado, mientras que el análisis fundamental se enfoca en los aspectos económicos y de negocio de las criptomonedas, como su tecnología, uso y competencia en el mercado.

También es fundamental contar con una plataforma de trading confiable y segura que ofrezca una variedad de herramientas y opciones de inversión, así como medidas de seguridad para proteger los fondos y la información personal del usuario.

En conclusión, el trading de criptomonedas puede ser una forma emocionante y potencialmente rentable de inversión en línea. Sin embargo, es importante tener en cuenta que el trading de criptomonedas es una actividad especulativa y de alto riesgo, y se debe realizar con precaución y conocimiento.

CAPÍTULO 11: CURSOS EN LÍNEA: CÓMO CREAR Y VENDER CURSOS EN LÍNEA DE GRAN VALOR

Cómo Ganar Dinero por Internet: Ideas y Estrategias para Generar Ingresos Online

Los cursos en línea son una forma muy popular y efectiva de compartir conocimientos y habilidades, y también de generar ingresos en línea. Si eres un experto en algún tema o habilidad, o simplemente tienes experiencia en algún campo, puedes crear y vender un curso en línea para ayudar a otros a aprender y crecer en ese campo. En este artículo, te enseñaré cómo crear y vender cursos en línea de gran valor.

1. Elige tu tema: Lo primero que debes hacer es elegir el tema de tu curso. Debe ser un tema en el que tengas experiencia y que sea relevante para tu público objetivo. Si no estás seguro de qué tema elegir, realiza una investigación de mercado y descubre qué es lo que la gente está buscando y necesita aprender.

2. Planifica el contenido: Una vez que tengas un tema en mente, es hora de planificar el contenido de tu curso. Debe tener una estructura lógica y progresiva, con módulos y lecciones que se construyan unos sobre otros. Asegúrate de incluir ejemplos prácticos y actividades para que tus estudiantes puedan poner en práctica lo que están aprendiendo.

3. Crea tu curso: Ahora es el momento de crear tu curso en línea. Puedes optar por grabar videos, crear presentaciones de diapositivas, hacer screencasts o incluso escribir textos. Lo importante es que el contenido sea claro, conciso y de alta calidad. También debes asegurarte de que tu curso sea interactivo y que los estudiantes puedan hacer preguntas y recibir retroalimentación.

4. Elije una plataforma de hospedaje: Hay muchas plataformas de hospedaje en línea disponibles que te permiten vender y hospedar tus cursos. Algunas de las opciones más populares incluyen Udemy, Teachable, Coursera, entre otras. Asegúrate

de elegir una plataforma que tenga una buena reputación y que tenga características que se adapten a tus necesidades.

5. Promociona tu curso: Una vez que hayas creado y hospedado tu curso, es hora de promocionarlo. Puedes utilizar las redes sociales, el marketing por correo electrónico, la publicidad en línea y otras estrategias de marketing para llegar a tu público objetivo. También puedes colaborar con otros expertos en tu campo y ofrecer tu curso como un recurso adicional en sus programas o servicios.

6. Actualiza y mejora tu curso: Por último, asegúrate de actualizar y mejorar tu curso de forma regular. Pide retroalimentación a tus estudiantes y utiliza esta retroalimentación para hacer mejoras en el contenido y en la experiencia de aprendizaje. También debes estar al tanto de las últimas tendencias y cambios en tu campo y actualizar tu curso en consecuencia.

Crear y vender cursos en línea puede ser una forma rentable y emocionante de compartir tus conocimientos y habilidades con un público más amplio. Con una planificación cuidadosa, una plataforma de hospedaje confiable y una estrategia de marketing efectiva, puedes crear un curso en línea exitoso y generar ingresos en línea.

Por supuesto, hay varias formas de hacer que tus cursos en línea sean más efectivos y atractivos para los estudiantes. Aquí hay algunos consejos adicionales:

1. Utiliza múltiples formatos de contenido: Además de los videos de las lecciones, agrega contenido adicional como presentaciones en PowerPoint, documentos PDF, ejercicios, exámenes, etc. También puedes crear un foro de discusión donde los estudiantes puedan interactuar y compartir sus experiencias.

2. Promueve tus cursos: Una vez que hayas creado tus cursos en línea, es importante que los promociones a través de diferentes canales. Usa las redes sociales, el correo electrónico

y otros medios para llegar a tu audiencia. También puedes utilizar herramientas de publicidad pagada para llegar a más personas.

3. Ofrece soporte al estudiante: Proporciona a tus estudiantes la ayuda que necesitan para tener éxito en tus cursos. Esto puede incluir acceso a un tutor en línea, foros de discusión, sesiones de preguntas y respuestas en vivo, etc.

4. Crea un programa de certificación: Si deseas atraer a estudiantes más serios y motivados, considera la posibilidad de ofrecer un programa de certificación al completar tu curso. Esto puede dar a los estudiantes una sensación de logro y credibilidad en su campo.

5. Mejora constantemente tus cursos: Utiliza los comentarios de tus estudiantes para mejorar continuamente tus cursos. Esto te ayudará a mantener a tus estudiantes involucrados y atractivos, y aumentará su satisfacción.

6. Crea una comunidad de estudiantes: Alentar a los estudiantes a interactuar entre sí a través de foros de discusión o grupos de Facebook puede ayudar a construir una comunidad de aprendizaje. Esto también puede aumentar la retención de estudiantes y mantenerlos interesados en tus cursos.

CAPÍTULO 12: DROPSHIPPING: CÓMO VENDER PRODUCTOS SIN ALMACENAMIENTO FÍSICO

El dropshipping es un modelo de negocio en línea que se ha vuelto muy popular en los últimos años. En lugar de comprar y almacenar productos, los dropshippers trabajan con proveedores que envían directamente los productos a los clientes en nombre del comerciante. Esto significa que no necesitan tener un gran inventario o una tienda física, lo que hace que el dropshipping sea una opción atractiva para muchos emprendedores.

Para empezar en el dropshipping, lo primero que necesitas hacer es encontrar un nicho de mercado rentable y un proveedor confiable. El nicho de mercado es la categoría de productos que vas a vender, como ropa, accesorios para mascotas o productos de belleza. Es importante elegir un nicho que tenga suficiente demanda y que no esté saturado de competidores. Además, deberás investigar sobre los proveedores que estén dispuestos a trabajar contigo en términos de dropshipping.

Una vez que hayas elegido un nicho y un proveedor, tendrás que crear una tienda en línea. Hay varias plataformas de comercio electrónico disponibles que permiten la integración del dropshipping, como Shopify, WooCommerce y BigCommerce. Estas plataformas te permiten crear tu sitio web y agregar los productos que deseas vender. Asegúrate de crear una tienda en línea atractiva y fácil de navegar para tus clientes.

Una vez que hayas creado tu tienda en línea y hayas agregado tus productos, es importante establecer una estrategia de marketing para atraer a clientes a tu sitio web. Puedes utilizar una variedad de tácticas de marketing, como publicidad en redes sociales, marketing por correo electrónico y marketing de influencia para atraer tráfico a tu sitio web. También puedes mejorar tu SEO para que tu tienda aparezca en los primeros resultados de búsqueda en Google.

Una vez que tengas clientes interesados en tus productos, podrás procesar los pedidos y enviarlos a tus proveedores para que los envíen directamente a tus clientes. Es importante asegurarse de que tus proveedores sean confiables y entreguen los productos a tiempo para que tus clientes estén satisfechos.

El dropshipping puede ser una opción atractiva para emprendedores que quieran comenzar un negocio en línea sin tener que invertir una gran cantidad de dinero en inventario y almacenamiento. Sin embargo, es importante entender que este modelo de negocio también tiene sus desafíos, como el control limitado sobre el envío y la calidad del producto. Por lo tanto, es importante elegir cuidadosamente tus proveedores y mantener una buena relación con ellos para asegurarte de que tu negocio de dropshipping sea exitoso.

Una de las principales ventajas del dropshipping es que no tienes que preocuparte por el almacenamiento y envío de productos, lo que reduce significativamente los costos y el tiempo de gestión. Sin embargo, esto también significa que no tienes control directo sobre el proceso de envío y debes confiar en el proveedor para entregar los productos de manera oportuna y en condiciones adecuadas.

Otro aspecto importante es la selección de proveedores confiables y de calidad, lo que requiere una investigación cuidadosa y una buena comunicación. Debes asegurarte de que los proveedores cumplan con tus expectativas en cuanto a calidad de los productos, precios competitivos, tiempos de envío y atención al cliente. También es importante tener en cuenta que algunos proveedores pueden cobrar tarifas adicionales, como cargos por envío o impuestos, que deben ser incluidos en los costos del producto.

Además, es fundamental contar con una buena estrategia de marketing para atraer a los clientes a tu tienda en línea y generar ventas. Puedes utilizar diversas técnicas, como la publicidad en línea, el SEO, el marketing de contenidos y las redes sociales, para aumentar la visibilidad de tu tienda y atraer a tu público objetivo. También es importante optimizar la experiencia del usuario en tu sitio web y proporcionar un servicio al cliente excepcional para fomentar la lealtad y las recomendaciones.

Por último, es importante tener en cuenta que el dropshipping puede ser una opción viable para ciertos tipos de productos y nichos de mercado, pero no necesariamente para todos. Debes evaluar cuidadosamente tus objetivos comerciales y las necesidades de tus clientes para determinar si esta estrategia es la adecuada para tu negocio.

Otro aspecto importante a considerar al elegir productos para vender en una tienda de dropshipping es la estacionalidad. Algunos productos pueden tener una alta demanda en una temporada específica del año, como los productos de verano, los regalos de Navidad, los disfraces de Halloween, etc. Por lo tanto, es importante planificar y anticiparse a estas temporadas para tener suficiente inventario y maximizar las ventas.

Otra estrategia clave para el éxito en el dropshipping es tener una excelente atención al cliente. Como el proceso de envío y manejo de productos no está en sus manos, es fundamental tener una excelente comunicación y ser lo más transparente posible con sus clientes. Establecer tiempos claros de envío, proporcionar números de seguimiento de envío y responder rápidamente a cualquier consulta o problema que puedan tener los clientes, son solo algunas de las formas en que puede garantizar una excelente experiencia de compra para sus clientes.

Además, es importante tener en cuenta que el dropshipping es un
mercado muy competitivo y, para destacar entre la multitud, debe ser
creativo en su marketing y promoción. Puede considerar utilizar las
redes sociales para promocionar sus productos, ofrecer descuentos y
ofertas especiales, colaborar con influencers y crear contenido
atractivo y relevante para su audiencia.

En conclusión, el dropshipping puede ser una excelente oportunidad
para aquellos que desean comenzar su propio negocio en línea con un
presupuesto limitado y sin la necesidad de tener un inventario físico.
Al elegir productos adecuados, tener una excelente atención al cliente
y ser creativo en el marketing y promoción de su tienda, puede
alcanzar el éxito en este mercado altamente competitivo.

CAPÍTULO 13: CREACIÓN DE UNA TIENDA EN LÍNEA: CÓMO CREAR UNA TIENDA VIRTUAL Y GENERAR VENTAS

Crear una tienda en línea puede parecer abrumador, pero con las
herramientas y recursos adecuados, es más fácil de lo que parece. En
este artículo, discutiremos los pasos clave que debes seguir para crear
una tienda en línea exitosa.

1. Identifica tu nicho y productos Antes de crear una tienda en
   línea, debes identificar qué productos quieres vender y quién
   es tu público objetivo. Investiga tu mercado y determina qué

productos o servicios son populares y cómo puedes diferenciarte de la competencia. Una vez que hayas identificado tu nicho, podrás crear una tienda en línea que satisfaga las necesidades de tu público objetivo.

2. Elige una plataforma de comercio electrónico Existen muchas plataformas de comercio electrónico disponibles, como Shopify, WooCommerce, Magento y BigCommerce. Cada una tiene sus propias ventajas y desventajas, y deberás investigarlas para elegir la que mejor se adapte a tus necesidades.

3. Crea tu tienda en línea Una vez que hayas elegido tu plataforma, puedes comenzar a construir tu tienda en línea. Asegúrate de que tu sitio sea fácil de navegar y tenga una buena presentación de tus productos. Es importante que los clientes puedan encontrar fácilmente lo que buscan y que el proceso de compra sea simple y rápido.

4. Configura los métodos de pago Ofrecer opciones de pago seguras y fáciles es fundamental para la conversión de ventas. Asegúrate de configurar los métodos de pago que tu público objetivo utiliza y de que el proceso sea fácil de usar.

5. Crea contenido y promociona tu tienda en línea Una vez que tu tienda esté en línea, es importante crear contenido atractivo para atraer clientes y generar ventas. Puedes crear contenido en forma de blogs, videos y publicaciones en redes sociales. También puedes promocionar tu tienda en línea a través de publicidad en línea, marketing por correo electrónico y SEO.

6. Monitorea tus resultados Es importante monitorear regularmente los resultados de tu tienda en línea para determinar qué está funcionando y qué no lo está. Utiliza herramientas de análisis para medir el tráfico de tu sitio, las tasas de conversión y las ventas para hacer ajustes y mejorar el rendimiento de tu tienda en línea.

7. Optimización del sitio web: Una vez que la tienda en línea esté configurada, es importante asegurarse de que el sitio web esté optimizado para motores de búsqueda (SEO). Esto

significa utilizar palabras clave relevantes en los títulos, descripciones y etiquetas, así como en los contenidos de las páginas. También es importante asegurarse de que el sitio sea fácil de navegar y tenga un diseño atractivo y limpio que atraiga a los visitantes a quedarse y explorar.

8. Marketing en línea: Para generar ventas, es fundamental atraer tráfico a la tienda en línea. El marketing en línea puede incluir publicidad pagada en plataformas como Google AdWords y Facebook Ads, así como estrategias de marketing de contenido como blogs y redes sociales. También es importante utilizar el correo electrónico para comunicarse con los clientes potenciales y existentes, ofreciendo ofertas especiales y promociones para atraerlos a comprar.

9. Gestión de inventario: Es importante tener un sistema de gestión de inventario eficiente para garantizar que los productos estén disponibles y listos para ser enviados a los clientes. Es fundamental establecer un equilibrio entre tener suficiente inventario para satisfacer la demanda, pero no tener demasiado que resulte en una acumulación de inventario costoso. Además, es importante establecer un sistema para monitorear los niveles de inventario y reordenar productos a medida que se agoten.

10. Servicio al cliente: Es fundamental brindar un excelente servicio al cliente en la tienda en línea para garantizar que los clientes estén satisfechos con su experiencia de compra. Esto puede incluir ofrecer opciones de pago seguras y convenientes, proporcionar información clara sobre los productos, garantizar tiempos de envío y entrega rápidos y confiables, y ofrecer un fácil proceso de devolución o reembolso.

11. Análisis de datos: Para mejorar continuamente la tienda en línea y aumentar las ventas, es importante recopilar y analizar datos sobre el tráfico del sitio, la tasa de conversión, las ventas y otras métricas clave. Esto puede ayudar a identificar áreas de mejora y oportunidades de crecimiento, así como a

tomar decisiones informadas sobre la estrategia de marketing y la gestión de inventario.

En resumen, la creación de una tienda en línea puede ser una excelente oportunidad para iniciar un negocio en línea y generar ingresos. Sin embargo, es fundamental seguir los pasos necesarios para garantizar que la tienda esté configurada correctamente, que se atraiga tráfico y que se brinde un excelente servicio al cliente. Con el tiempo y el esfuerzo, una tienda en línea bien administrada puede ser una fuente de ingresos exitosa y sostenible.

CAPÍTULO 14: CREACIÓN DE CONTENIDO: CÓMO GANAR DINERO CREANDO VIDEOS, PODCASTS Y PUBLICACIONES EN REDES SOCIALES

La creación de contenido es una de las formas más populares y rentables de ganar dinero en línea. Si tienes habilidades creativas y disfrutas de la producción de contenido en diferentes formatos, como videos, podcasts y publicaciones en redes sociales, puedes convertirlo en un negocio exitoso y rentable.

Una de las principales formas de ganar dinero a través de la creación de contenido es mediante la monetización de tu audiencia. Esto se logra al crear contenido de alta calidad que atraiga a una audiencia comprometida y leal, lo que a su vez permite obtener ingresos a través de patrocinios, publicidad y ventas de productos.

Para comenzar, debes elegir tu nicho de contenido y definir tu público objetivo. Es importante que te especialices en un tema específico para poder desarrollar una audiencia comprometida que comparta tus intereses. Una vez que hayas definido tu nicho y público objetivo, es momento de comenzar a producir contenido regularmente en diferentes formatos.

En el caso de los videos, puedes crear contenido en YouTube o en otras plataformas de video. Puedes ganar dinero a través de la publicidad en tus videos, patrocinios y ventas de productos. A medida que crezcas tu audiencia, puedes aumentar tus ingresos a través de la venta de mercancía con tu marca.

En cuanto a los podcasts, puedes crear contenido en plataformas como Spotify, Apple Podcasts y Google Podcasts. La monetización de los podcasts se puede lograr a través de la publicidad, patrocinios y ventas de productos.

Por último, la creación de contenido en redes sociales es otra forma rentable de ganar dinero. Puedes utilizar plataformas como Instagram, TikTok y Facebook para crear contenido visual atractivo y original que capte la atención de tu audiencia. Puedes obtener ingresos a través de patrocinios y publicidad en tus publicaciones.

Una forma adicional de monetizar tu contenido es a través de la colaboración con marcas y empresas. Las marcas a menudo buscan trabajar con creadores de contenido para promocionar sus productos o servicios en sus canales de redes sociales, videos, podcast y publicaciones en línea. Esta colaboración se conoce como marketing de influencia.

El marketing de influencia se ha convertido en una forma popular y efectiva de llegar a una audiencia específica y aumentar el conocimiento de marca. Los creadores de contenido pueden monetizar sus canales y generar ingresos adicionales al asociarse con marcas relevantes para su audiencia.

Hay varias plataformas que conectan a los creadores de contenido con marcas, como FameBit, AspireIQ y CreatorIQ. Estas plataformas permiten a los creadores de contenido encontrar y postular a campañas de marcas y negociar las tarifas de patrocinio. Además, también puedes establecer tus propias relaciones de marca de manera proactiva al contactar directamente con marcas y empresas con las que desees trabajar.

Otra forma de monetizar tu contenido es a través de la creación de productos digitales y la venta de ellos. Los productos digitales pueden ser cualquier cosa, desde libros electrónicos hasta plantillas de diseño y cursos en línea. Si ya tienes una audiencia leal y comprometida, es más probable que puedas vender tus productos digitales.

Una plataforma popular para vender productos digitales es Gumroad. Esta plataforma permite a los creadores de contenido vender productos digitales directamente a su audiencia a través de su sitio web o redes sociales. También hay otras plataformas populares para vender productos digitales, como Teachable y Thinkific, que son ideales para crear y vender cursos en línea.

- Es importante que tu contenido sea auténtico y relevante para tu audiencia. Asegúrate de conocer a tu público objetivo y de crear contenido que sea valioso y útil para ellos.
- Mantén un calendario de publicaciones consistente para que tus seguidores sepan cuándo esperar nuevo contenido de tu parte. La consistencia te ayudará a construir una audiencia leal y a mantener su compromiso con tu contenido.
- Explora diferentes formatos de contenido para ver qué funciona mejor para tu audiencia. Por ejemplo, algunos usuarios prefieren ver videos cortos en Instagram, mientras que otros prefieren leer artículos más largos en un blog.

Experimenta con diferentes tipos de contenido para encontrar el enfoque adecuado para tu audiencia.

- Busca oportunidades de colaboración con otros creadores de contenido o marcas en tu nicho. Las colaboraciones pueden ayudarte a llegar a nuevas audiencias y a aumentar tu visibilidad en línea.
- No descuides la calidad de tu contenido en favor de la cantidad. Es mejor publicar menos contenido de alta calidad que saturar a tu audiencia con publicaciones mediocres.
- Aprende a utilizar las herramientas de análisis de redes sociales y de plataformas de alojamiento de podcasts para entender mejor cómo tu audiencia interactúa con tu contenido. Utiliza esta información para ajustar tu enfoque y mejorar tu contenido con el tiempo.

En resumen, crear contenido en línea puede ser una forma rentable de ganar dinero. Ya sea a través de publicaciones en redes sociales, videos, podcasts o blogs, hay muchas formas de monetizar tu contenido, ya sea mediante publicidad, marketing de influencia o la venta de productos digitales. Es importante encontrar la estrategia que funcione mejor para ti y tu audiencia y seguir trabajando para construir y mantener una base sólida de seguidores leales y comprometidos.

CAPÍTULO 15: SUBCONTRATACIÓN: CÓMO OFRECER SERVICIOS A EMPRESAS QUE NECESITEN ASISTENCIA VIRTUAL

La subcontratación o outsourcing es una práctica cada vez más común en el mundo empresarial, en la cual una empresa contrata los servicios de otra empresa o individuo para llevar a cabo una tarea específica en su nombre. La asistencia virtual es uno de los servicios más populares que se subcontratan actualmente. Este servicio implica la realización de tareas administrativas, de marketing, de diseño gráfico, de atención al cliente, entre otras, por parte de un asistente virtual.

Si tienes habilidades en áreas como la administración, el marketing digital, el diseño gráfico o la atención al cliente, puedes ofrecer tus servicios de asistencia virtual a empresas que necesiten estos servicios. Para hacerlo, debes tener un buen plan de negocios y estrategias de marketing efectivas para llegar a tus clientes potenciales.

Una de las formas más efectivas de llegar a tus clientes potenciales es a través de plataformas en línea como Upwork, Fiverr y Freelancer.

Estas plataformas te permiten publicar tu perfil y ofrecer tus servicios a una amplia base de clientes potenciales en todo el mundo. También puedes promocionar tus servicios a través de las redes sociales, el correo electrónico y la publicidad en línea.

Al ofrecer servicios de asistencia virtual, es importante establecer una buena relación con tus clientes y cumplir con los plazos de entrega establecidos. Para garantizar la satisfacción del cliente, es fundamental ser proactivo y estar en constante comunicación con tus clientes para entender sus necesidades y expectativas. Además, debes estar dispuesto a aprender nuevas habilidades y adaptarte a las necesidades cambiantes del mercado para mantener una ventaja competitiva.

En cuanto a la fijación de precios, es importante establecer una tarifa justa y competitiva. Para hacerlo, debes tener en cuenta factores como tu experiencia, habilidades y el costo de vida en tu área. Además, es importante ser transparente con tus clientes en cuanto a tus tarifas y ofrecerles una propuesta de valor clara y detallada.

Por supuesto, la subcontratación es un modelo de negocio cada vez más popular en el mundo empresarial. A medida que las empresas buscan reducir costos y aumentar su eficiencia, muchas han recurrido a la subcontratación de servicios a través de asistentes virtuales, freelancers y agencias especializadas en la subcontratación de servicios.

Al ofrecer servicios de asistencia virtual, un subcontratista puede proporcionar a una empresa una amplia gama de servicios, como la administración de correo electrónico y calendario, la gestión de proyectos, la investigación de mercado, la gestión de redes sociales, la edición de video y la transcripción de audio.

La subcontratación de servicios a través de un asistente virtual ofrece una serie de beneficios tanto para las empresas como para los subcontratistas. Para las empresas, la subcontratación de servicios puede ser una forma rentable de aumentar la eficiencia, ya que pueden delegar tareas a un subcontratista sin tener que contratar a un empleado a tiempo completo. Los subcontratistas también pueden ofrecer una mayor flexibilidad a las empresas, ya que pueden trabajar en proyectos según sea necesario y ofrecer una gama más amplia de habilidades y conocimientos especializados.

Para los subcontratistas, la subcontratación de servicios puede ser una forma rentable de comenzar un negocio en línea sin tener que invertir en una oficina o equipo costoso. Además, la subcontratación de servicios puede proporcionar una mayor flexibilidad en cuanto a horarios de trabajo y clientes potenciales, lo que puede ser una ventaja para aquellos que buscan trabajar desde casa o mientras viajan.

Es importante destacar que la subcontratación de servicios también puede presentar desafíos, como la necesidad de establecer relaciones de confianza con los clientes y la necesidad de mantener altos niveles de calidad y eficiencia en la prestación de servicios. Además, como subcontratista, es importante tener en cuenta las leyes y regulaciones locales y nacionales en cuanto a la prestación de servicios y la protección de datos personales.

Cómo ofrecer servicios de asistencia virtual:

1. Identificar las necesidades del cliente: es importante conocer bien las necesidades del cliente para ofrecer servicios que sean de valor para su empresa. Para ello, es necesario hacer preguntas claras y detalladas sobre las tareas que necesitan delegar y los resultados que buscan.
2. Establecer expectativas claras: una vez que se han identificado las necesidades del cliente, es importante establecer expectativas claras sobre los servicios que se van a ofrecer. Esto incluye definir los plazos de entrega, la frecuencia de las comunicaciones y cualquier otra información relevante para el trabajo.

3. Establecer una estructura de precios clara: la subcontratación puede ser un mercado competitivo, por lo que es importante establecer una estructura de precios clara y justa. Esto puede incluir tarifas por hora, paquetes de servicios o precios personalizados según las necesidades del cliente.

4. Establecer un sistema de comunicación claro: es importante establecer un sistema de comunicación claro con el cliente para garantizar una comunicación eficaz y una relación de trabajo fluida. Esto puede incluir el uso de herramientas de gestión de proyectos, correo electrónico, mensajería instantánea y videoconferencia.

5. Proporcionar un servicio de alta calidad: para mantener a los clientes satisfechos y conseguir referencias, es importante proporcionar un servicio de alta calidad y cumplir con los plazos de entrega acordados. Esto incluye ser proactivo en la comunicación y estar disponible para responder preguntas o inquietudes del cliente.

6. Mantener la confidencialidad y la seguridad: cuando se trabaja como asistente virtual, es probable que se tenga acceso a información confidencial de la empresa del cliente. Por lo tanto, es importante mantener la confidencialidad y la seguridad de los datos en todo momento.

7. Buscar oportunidades de crecimiento: una vez que se ha establecido una relación de trabajo exitosa con un cliente, se pueden explorar oportunidades para ofrecer más servicios y aumentar la facturación. Esto puede incluir la expansión de los servicios actuales o la exploración de nuevas áreas de trabajo.

En resumen, la subcontratación y la oferta de servicios de asistencia virtual pueden ser una forma rentable de iniciar un negocio en línea. Al ofrecer servicios de alta calidad, establecer expectativas claras y mantener una comunicación fluida con los clientes, es posible construir relaciones duraderas y aumentar la facturación a lo largo del tiempo.

CAPÍTULO 16: MARKETING DE INFLUENCERS: CÓMO GANAR DINERO PROMOCIONANDO PRODUCTOS Y SERVICIOS A TRAVÉS DE LAS REDES SOCIALES

El marketing de influencers es una estrategia de marketing digital en la que se utilizan personas influyentes en las redes sociales para promocionar productos y servicios. Los influencers pueden ser celebridades, expertos en un tema en particular o simplemente personas con una gran cantidad de seguidores en redes sociales como Instagram, YouTube o TikTok.

La idea detrás del marketing de influencers es aprovechar la audiencia leal de un influencer para llegar a un público más amplio y potencialmente generar ventas. En lugar de depender de anuncios pagados tradicionales, las empresas pagan a los influencers para que promocionen sus productos de manera más orgánica y auténtica.

Para ser un influencer exitoso, es importante tener una audiencia comprometida y fiel que esté interesada en el contenido que se publica. Los influencers también deben tener una buena reputación en línea y ser vistos como auténticos y confiables por sus seguidores. Las marcas buscan trabajar con influencers que se ajusten a la imagen

de la marca y que puedan promocionar sus productos de manera
efectiva.

Los influencers pueden ganar dinero a través del marketing de
influencers de varias maneras. Pueden recibir un pago por
publicación patrocinada, una comisión por las ventas generadas a
través de un enlace de afiliado o recibir productos o servicios de
forma gratuita. El pago varía según el número de seguidores del
influencer, su alcance y la calidad de su contenido.

Para las empresas, el marketing de influencers puede ser una forma
efectiva de llegar a su público objetivo de manera más auténtica y
confiable. Al trabajar con un influencer que ya tiene una audiencia
comprometida, las marcas pueden aumentar la visibilidad de sus
productos y servicios y, en última instancia, generar ventas.

Es importante tener en cuenta que el marketing de influencers no es
una solución mágica para el éxito del negocio. Es importante tener
una estrategia sólida y trabajar con influencers que se ajusten a la
imagen de la marca y que puedan promocionar los productos o
servicios de manera efectiva. Además, los influencers deben ser
transparentes sobre el hecho de que están promocionando productos
o servicios patrocinados para evitar cualquier problema legal o ético.

Para tener éxito en el marketing de influencers, es importante
conocer los siguientes aspectos:

1. Identificar tu audiencia objetivo: es importante saber a quién
    quieres llegar y cuáles son sus intereses para poder elegir a los
    influencers adecuados que tengan seguidores afines a tu
    marca.
2. Elegir a los influencers adecuados: no se trata solo de tener
    un gran número de seguidores, sino de encontrar influencers
    que tengan una audiencia comprometida y activa en las redes
    sociales.

3. Establecer una relación con los influencers: es importante construir una relación sólida y de confianza con los influencers para poder trabajar juntos de manera efectiva. Es importante asegurarse de que la marca y el influencer estén alineados en sus valores y objetivos.
4. Definir los objetivos de la campaña: es importante definir los objetivos y las expectativas de la campaña desde el principio. ¿Buscas aumentar las ventas, mejorar la imagen de marca o generar mayor visibilidad?
5. Establecer métricas claras: para poder medir el éxito de la campaña es importante establecer métricas claras y definir los indicadores de éxito que se van a utilizar.
6. Establecer un presupuesto: el marketing de influencers puede ser una estrategia costosa, por lo que es importante establecer un presupuesto adecuado para poder obtener los resultados esperados.
7. Crear contenido de calidad: es importante que el contenido que se publique a través de los influencers sea de calidad y relevante para la audiencia. Es importante trabajar con los influencers para asegurarse de que el contenido sea auténtico y que no parezca publicidad engañosa.
8. Medir y analizar los resultados: una vez finalizada la campaña, es importante medir y analizar los resultados para saber qué funcionó bien y qué se puede mejorar en futuras campañas.

En definitiva, el marketing de influencers es una estrategia efectiva para llegar a nuevos públicos y mejorar la visibilidad de la marca en las redes sociales. Para tener éxito en esta estrategia, es importante elegir a los influencers adecuados, establecer objetivos claros y trabajar en conjunto para crear contenido auténtico y relevante para la audiencia. Además, es fundamental medir y analizar los resultados para poder ajustar y mejorar las próximas campañas.

Puntos adicionales sobre el marketing de influencers:

- Diversificación de plataformas: además de Instagram, hay muchas otras plataformas de redes sociales y medios de comunicación donde los influencers pueden monetizar su contenido, como YouTube, TikTok, Twitter, Snapchat y blogs. Es importante diversificar y aprovechar todas estas plataformas para llegar a una audiencia más amplia y diversa.
- Métricas de rendimiento: medir el rendimiento es crucial en cualquier estrategia de marketing y el marketing de influencers no es una excepción. Los influenciadores deben estar preparados para presentar a los clientes sus métricas de rendimiento, como el alcance, la participación, el número de seguidores y los comentarios. Las métricas deben compararse con los objetivos del cliente para determinar si la campaña de marketing ha sido efectiva.
- Asociaciones a largo plazo: para los influenciadores que buscan un ingreso más estable y los clientes que buscan una relación más duradera, las asociaciones a largo plazo pueden ser beneficiosas para ambas partes. Las asociaciones a largo plazo permiten a los influenciadores trabajar con marcas en varias campañas y les permiten crear contenido más auténtico y duradero.
- Legalidad: el marketing de influencers ha aumentado la atención de los reguladores y se han implementado leyes que exigen que los influenciadores divulguen cualquier compensación que reciban de una marca. Los influenciadores también deben asegurarse de cumplir con los requisitos de publicidad de la plataforma en la que están publicando, ya que las reglas pueden variar según la plataforma.
- Autenticidad: la autenticidad es una de las claves del éxito en el marketing de influencers. Los influenciadores deben trabajar en conjunto con las marcas para asegurarse de que el contenido que están publicando es auténtico y coherente con su marca personal. Las marcas también deben ser transparentes con los influenciadores sobre sus expectativas para que puedan trabajar juntos para crear contenido auténtico que resuene con la audiencia.

- Nuevos formatos: el marketing de influencers no se limita solo a las publicaciones en redes sociales. Los influenciadores también pueden trabajar en la creación de contenido en otros formatos como podcasts, videos y eventos en vivo. Estos formatos pueden ser una excelente manera de llegar a una audiencia más amplia y diversa.
- Creatividad: el marketing de influencers se trata de creatividad y los influenciadores deben estar dispuestos a experimentar con diferentes formatos de contenido y enfoques de campaña. Las marcas también deben estar dispuestas a dejar que los influenciadores aporten su propia creatividad y enfoque único a las campañas.
- Tendencias de la industria: el marketing de influencers es una industria en constante evolución y los influenciadores y marcas deben estar dispuestos a mantenerse al día con las últimas tendencias y prácticas recomendadas. Esto puede incluir el uso de tecnología emergente como la realidad aumentada o la colaboración con otros influenciadores para crear contenido.
- Valoración de contenido: las marcas deben ser conscientes de que el valor del contenido de un influenciador no se mide solo por el número de seguidores que tienen. Los influenciadores con una audiencia más pequeña y comprometida pueden tener un mayor impacto que aquellos con un gran número de seguidores pero poca interacción.

Es importante tener en cuenta la calidad del contenido que el influenciador crea, su capacidad para involucrar a su audiencia y el grado de relevancia del contenido para la marca en cuestión. Los seguidores de un influenciador comprometido son más propensos a seguir las recomendaciones del influenciador y a comprar los productos o servicios que promocionan. Por lo tanto, las marcas deben centrarse en encontrar el influenciador adecuado para su marca, no simplemente el que tenga la mayor cantidad de seguidores. La valoración del contenido de un influenciador debe ser un proceso estratégico y cuidadoso para

asegurar que la colaboración sea beneficiosa para ambas partes y
se logren los objetivos de marketing establecidos.

CAPÍTULO 17: CREACIÓN DE UNA AGENCIA DE MARKETING DIGITAL: CÓMO OFRECER SERVICIOS DE MARKETING EN LÍNEA A CLIENTES

La creación de una agencia de marketing digital es una gran
oportunidad para aquellos emprendedores que buscan un negocio en
línea rentable y de rápido crecimiento. El marketing digital es una
industria en constante evolución, con nuevas técnicas y tecnologías
que surgen constantemente. Como tal, hay una gran demanda de
agencias de marketing digital que puedan ayudar a las empresas a
navegar por el paisaje en línea y llegar a su audiencia de manera
efectiva.

Una agencia de marketing digital puede ofrecer una amplia gama de
servicios, desde estrategias de SEO y PPC hasta marketing de redes
sociales y marketing de contenido. El primer paso para crear una
agencia de marketing digital es identificar la necesidad en el mercado
y definir su propuesta de valor. ¿Qué hará su agencia que otras no
puedan? ¿Cuál es su enfoque único? ¿A quién está dirigido su
servicio? Es importante definir su propuesta de valor claramente para
diferenciarse de la competencia.

Una vez que haya definido su propuesta de valor, el siguiente paso es crear su equipo. Es importante tener personas con experiencia y habilidades en diferentes áreas del marketing digital, como SEO, PPC, diseño web, redes sociales, marketing de contenidos y más. Además, es fundamental tener un líder fuerte y visionario que pueda guiar al equipo y tomar decisiones importantes.

Después de formar un equipo sólido, es hora de establecer su presencia en línea. Cree un sitio web que muestre sus servicios y propuesta de valor de manera clara y concisa. Además, asegúrese de tener una presencia en línea activa en las redes sociales y en los directorios de negocios en línea. También puede considerar la creación de un blog y una lista de correo electrónico para mantener a los clientes potenciales informados sobre las últimas tendencias y técnicas de marketing digital.

Por último, pero no menos importante, es crucial establecer una relación sólida y de confianza con sus clientes. Esto implica una comunicación clara y constante, cumplir con los plazos y expectativas, y proporcionar resultados medibles y significativos. La satisfacción del cliente es clave para el éxito a largo plazo de su agencia de marketing digital.

Para comenzar una agencia de marketing digital exitosa, es importante tener una comprensión sólida de los conceptos y herramientas de marketing en línea. Esto incluye la creación de una estrategia de marketing efectiva, el diseño y desarrollo de sitios web, el SEO (optimización de motores de búsqueda), la publicidad en línea, la gestión de redes sociales, el email marketing y la creación de contenido.

Además, es importante comprender el mercado objetivo y las necesidades de los clientes potenciales para ofrecer servicios personalizados y efectivos. Esto implica una investigación de mercado adecuada y la capacidad de adaptarse y evolucionar con las

tendencias cambiantes del mercado y los nuevos desarrollos
tecnológicos.

También es importante establecer una sólida red de contactos y
relaciones comerciales para poder llegar a nuevos clientes y mantener
una base de clientes existente. Esto puede incluir la participación en
eventos de networking, la colaboración con otras agencias y
profesionales de marketing, y la creación de una marca sólida y
reconocible para su agencia.

La creación de una cultura empresarial sólida y una estrategia de
liderazgo efectiva también son importantes para asegurar el éxito a
largo plazo de la agencia. Esto incluye la contratación y retención de
empleados talentosos, la implementación de prácticas comerciales
éticas y sostenibles, y la inversión en la capacitación y el desarrollo
profesional de los empleados.

En general, la creación de una agencia de marketing digital exitosa
requiere una combinación de conocimientos técnicos, habilidades
empresariales, comprensión del mercado y relaciones comerciales
efectivas. Con el enfoque correcto y la dedicación, una agencia de
marketing digital puede ser un negocio rentable y satisfactorio.

Las plataformas de publicidad en línea, como Google Ads y
Facebook Ads, son esenciales para llegar a la audiencia correcta y
generar conversiones para los clientes. Las técnicas de SEO
(optimización de motores de búsqueda) también son fundamentales
para ayudar a los clientes a mejorar su visibilidad en los resultados de
búsqueda y atraer tráfico orgánico a su sitio web.

Además, la creación de contenido de calidad, como publicaciones en
blogs y redes sociales, videos y correos electrónicos, puede ser una
herramienta poderosa para ayudar a las empresas a conectar con su
audiencia y generar interacciones y conversiones. También es
importante tener un enfoque en la analítica y medición de resultados

para determinar qué tácticas y estrategias están funcionando y ajustar la estrategia en consecuencia.

Una agencia de marketing digital exitosa también debe tener un enfoque en la creación de relaciones sólidas con sus clientes. Esto incluye tener una comunicación abierta y transparente, establecer expectativas claras y trabajar en estrecha colaboración con los clientes para entender sus objetivos y necesidades específicas. Además, ofrecer un excelente servicio al cliente y estar disponible para responder preguntas y solucionar problemas es fundamental para mantener relaciones sólidas y a largo plazo con los clientes.

En resumen, la creación de una agencia de marketing digital exitosa requiere un conocimiento sólido de las herramientas y plataformas de marketing en línea, la capacidad de crear contenido de calidad, un enfoque en la analítica y medición de resultados, y la capacidad de crear relaciones sólidas con los clientes a través de una comunicación clara y un excelente servicio al cliente. Con el enfoque correcto, una agencia de marketing digital puede ayudar a las empresas a mejorar su presencia en línea y aumentar sus ingresos de manera significativa.

CAPÍTULO 18: CREACIÓN DE UNA COMUNIDAD EN LÍNEA: CÓMO GENERAR INGRESOS A TRAVÉS DE UNA COMUNIDAD EN LÍNEA

En la actualidad, crear una comunidad en línea puede ser una estrategia de negocio muy efectiva para generar ingresos a través de la venta de productos o servicios, publicidad o membresías. La creación de una comunidad en línea puede ser una plataforma para conectar a personas que tienen intereses comunes y crear un espacio donde los miembros pueden compartir información, conocimientos y experiencias.

Para crear una comunidad en línea exitosa, es importante definir una temática específica para atraer a un público objetivo. Es fundamental conocer bien a ese público objetivo y sus necesidades, para poder ofrecer contenido y servicios de valor que les resulten atractivos y útiles. Es importante tener en cuenta que la comunidad debe ser un espacio de colaboración y aprendizaje, donde los miembros sientan que están obteniendo beneficios de su participación.

Una vez creada la comunidad en línea, es importante establecer diferentes formas de monetización. Una opción es la venta de productos y servicios relacionados con la temática de la comunidad. Por ejemplo, si la comunidad está enfocada en la salud y el bienestar, se pueden vender productos de suplementos alimenticios o cursos en línea sobre nutrición. Otra opción es la publicidad, donde se pueden incluir anuncios de marcas afines a la temática de la comunidad.

También se puede generar ingresos a través de la creación de membresías o suscripciones, donde los miembros tienen acceso a contenido exclusivo, descuentos en productos y servicios o acceso a eventos exclusivos. Las membresías pueden ser mensuales, anuales o de por vida, y suelen ser una fuente constante de ingresos para la comunidad.

La creación de una comunidad en línea puede ser una forma efectiva de generar ingresos en línea, pero requiere un enfoque cuidadoso y estratégico para tener éxito. En primer lugar, es importante identificar el tema o nicho en el que se va a enfocar la comunidad en línea. Esto puede incluir intereses compartidos, pasatiempos, profesiones,

problemas comunes, entre otros. Es importante que el tema sea lo
suficientemente específico para atraer a una audiencia comprometida
y diferenciarse de otras comunidades en línea existentes.

Una vez que se ha identificado el tema, es importante construir una
plataforma de comunidad en línea que sea fácil de usar y atractiva
visualmente. Esto puede incluir la creación de una página web, foro,
grupo de Facebook, entre otras opciones. Es importante que la
plataforma sea fácil de navegar y permita a los miembros de la
comunidad interactuar entre ellos de manera efectiva.

Una vez que la comunidad está en marcha, es importante trabajar en
la creación de contenido y la promoción de la comunidad para atraer
nuevos miembros y mantener a los miembros existentes
comprometidos. Esto puede incluir la creación de contenido como
publicaciones de blog, videos, podcast, entre otros, así como la
participación en redes sociales y la publicidad de la comunidad en
línea.

Para generar ingresos a través de una comunidad en línea, existen
varias opciones. Una opción es ofrecer contenido premium o
exclusivo para miembros de pago, como tutoriales, cursos, acceso a
eventos en línea, entre otros. Otra opción es ofrecer productos o
servicios relacionados con el tema de la comunidad, como libros,
herramientas, software, entre otros. También se pueden utilizar
opciones de publicidad y patrocinios para generar ingresos a través de
la comunidad en línea.

En conclusión, la creación de una comunidad en línea puede ser una
forma efectiva de generar ingresos en línea, pero requiere un enfoque
cuidadoso y estratégico. Es importante identificar un tema específico,
construir una plataforma de comunidad atractiva, crear contenido y
promocionar la comunidad para atraer miembros, y explorar
opciones de ingresos como contenido premium, productos o
servicios, publicidad y patrocinios. Con el tiempo y el esfuerzo

adecuado, una comunidad en línea puede convertirse en una fuente
de ingresos significativa.

CAPÍTULO 19: COMPRA Y VENTA DE DOMINIOS: CÓMO GANAR DINERO COMPRANDO Y VENDIENDO NOMBRES DE DOMINIO

La compra y venta de dominios es un negocio en línea en el que se
compran y venden nombres de dominio de sitios web con el objetivo
de obtener ganancias. Los nombres de dominio pueden ser palabras,
frases o abreviaturas que se utilizan para identificar y localizar un sitio
web en Internet. Los nombres de dominio se compran y se venden
como bienes raíces virtuales y su valor depende de su popularidad,
longitud, facilidad de pronunciación y otros factores.

Para ganar dinero comprando y vendiendo nombres de dominio, es
importante investigar y estar atento a las tendencias en línea y a los
cambios en la industria. Además, es necesario tener conocimientos
básicos de SEO y marketing digital para identificar nombres de
dominio que puedan ser valiosos para empresas y organizaciones.

Cómo Ganar Dinero por Internet: Ideas y Estrategias para Generar Ingresos Online

Una de las mejores formas de ganar dinero con la compra y venta de dominios es mediante la identificación de nombres de dominio que puedan ser valiosos para empresas o negocios emergentes. Por ejemplo, si una nueva empresa está empezando y busca establecer su presencia en línea, puede estar dispuesta a pagar una buena cantidad de dinero por un nombre de dominio que sea relevante para su negocio. Si tienes la habilidad de identificar nombres de dominio que puedan ser valiosos para empresas o negocios emergentes, puedes generar ganancias significativas.

Otra forma de ganar dinero con la compra y venta de dominios es mediante la compra de nombres de dominio de alta calidad y luego venderlos en una subasta o en un mercado en línea. Al igual que con cualquier inversión, es importante investigar y analizar la rentabilidad potencial de un nombre de dominio antes de comprarlo.

Además de la estrategia de compra y venta de dominios, hay otras formas de generar ingresos en este campo. Una de ellas es el parking de dominios, que consiste en registrar nombres de dominio con la intención de generar ingresos a través de la publicidad que se muestra en la página de estacionamiento. Otra opción es el redireccionamiento de dominios, que consiste en comprar un dominio y redirigirlo a un sitio web existente para aumentar su tráfico y mejorar su posicionamiento en los motores de búsqueda.

Otra forma de ganar dinero en el negocio de los dominios es a través del arbitraje de nombres de dominio. Esto implica la compra de un nombre de dominio con la intención de venderlo a un tercero por un precio más alto. Para hacer esto, es importante tener habilidades para identificar las tendencias en la compra y venta de dominios y conocer los criterios que las personas y las empresas utilizan para elegir un nombre de dominio.

Para tener éxito en la compra y venta de dominios, es importante investigar los nombres de dominio que están actualmente disponibles y las tendencias actuales en la compra y venta de nombres de dominio. También es importante conocer las regulaciones y políticas de los registradores de dominios y tener una buena comprensión del mercado y las tendencias en el sector tecnológico.

En resumen, el negocio de la compra y venta de nombres de dominio puede ser muy rentable si se hace con una estrategia sólida y con una buena investigación y comprensión del mercado. Además de la compra y venta de dominios, hay otras formas de ganar dinero en este campo, como el parking y redireccionamiento de dominios, así como el arbitraje de nombres de dominio.

CONCLUSIÓN: CÓMO IMPLEMENTAR LAS IDEAS Y ESTRATEGIAS PARA GANAR DINERO POR INTERNET

En conclusión, el mundo de los negocios en línea ofrece una gran cantidad de oportunidades para aquellos que desean ganar dinero desde casa. Las ideas y estrategias que hemos discutido pueden ser aplicadas a diferentes nichos y modelos de negocio en línea. Lo más importante es ser proactivo y perseverante en la implementación de estas ideas.

Es crucial tener en cuenta que el éxito en los negocios en línea no llega de la noche a la mañana. Requiere trabajo duro, dedicación y paciencia. También es importante estar actualizado sobre las últimas tendencias y tecnologías para mantenerse competitivo en un mercado en constante evolución.

Al elegir un modelo de negocio, es importante tener en cuenta tus habilidades, intereses y recursos disponibles. No te sientas obligado a seguir la tendencia del momento si no se ajusta a tus habilidades y preferencias. En su lugar, busca una idea de negocio que te apasione y en la que puedas destacar.

Otro factor importante es tener una mentalidad empresarial. Esto implica ser creativo, innovador y estar dispuesto a tomar riesgos calculados. También es importante tener una actitud de aprendizaje constante y estar dispuesto a adaptarse a los cambios y desafíos que surjan.

En resumen, para ganar dinero en línea, necesitas una combinación de ideas innovadoras, habilidades empresariales, perseverancia y dedicación. No hay una fórmula mágica para el éxito, pero si estás dispuesto a trabajar duro y a aprender constantemente, puedes lograr tus objetivos de ingresos en línea.

ACERCA DEL AUTOR

Hola, mi nombre es Daniel Martín Maturral y soy emprendedor en línea y escritor. Después de años trabajando en trabajos convencionales, decidí dejar mi trabajo y seguir mi pasión por el emprendimiento en línea. Durante los últimos cinco años, he trabajado en diferentes proyectos y he adquirido experiencia en diversas áreas, como marketing de afiliación, comercio electrónico, servicios de freelance y publicidad en línea.

Mi objetivo con este libro es compartir mi conocimiento y experiencia con otros emprendedores que también quieren generar ingresos en línea. Me apasiona ayudar a las personas a identificar sus habilidades y pasiones, y convertirlas en oportunidades de negocio rentables. Creo que todos podemos alcanzar el éxito si tenemos las herramientas y la motivación adecuadas.

Espero que este libro sea útil para todos aquellos que buscan nuevas formas de ganar dinero en línea. Gracias por leer y espero que disfruten el libro.

www.ingramcontent.com/pod-product-compliance
Lightning Source LLC
Chambersburg PA
CBHW071029220526
45467CB00004B/1586